Marcy Schaaf

Aia ʻo Reggy ma ka palena!

He Hoololi Pawsitive.

ʻŌlelo Hawaiʻi

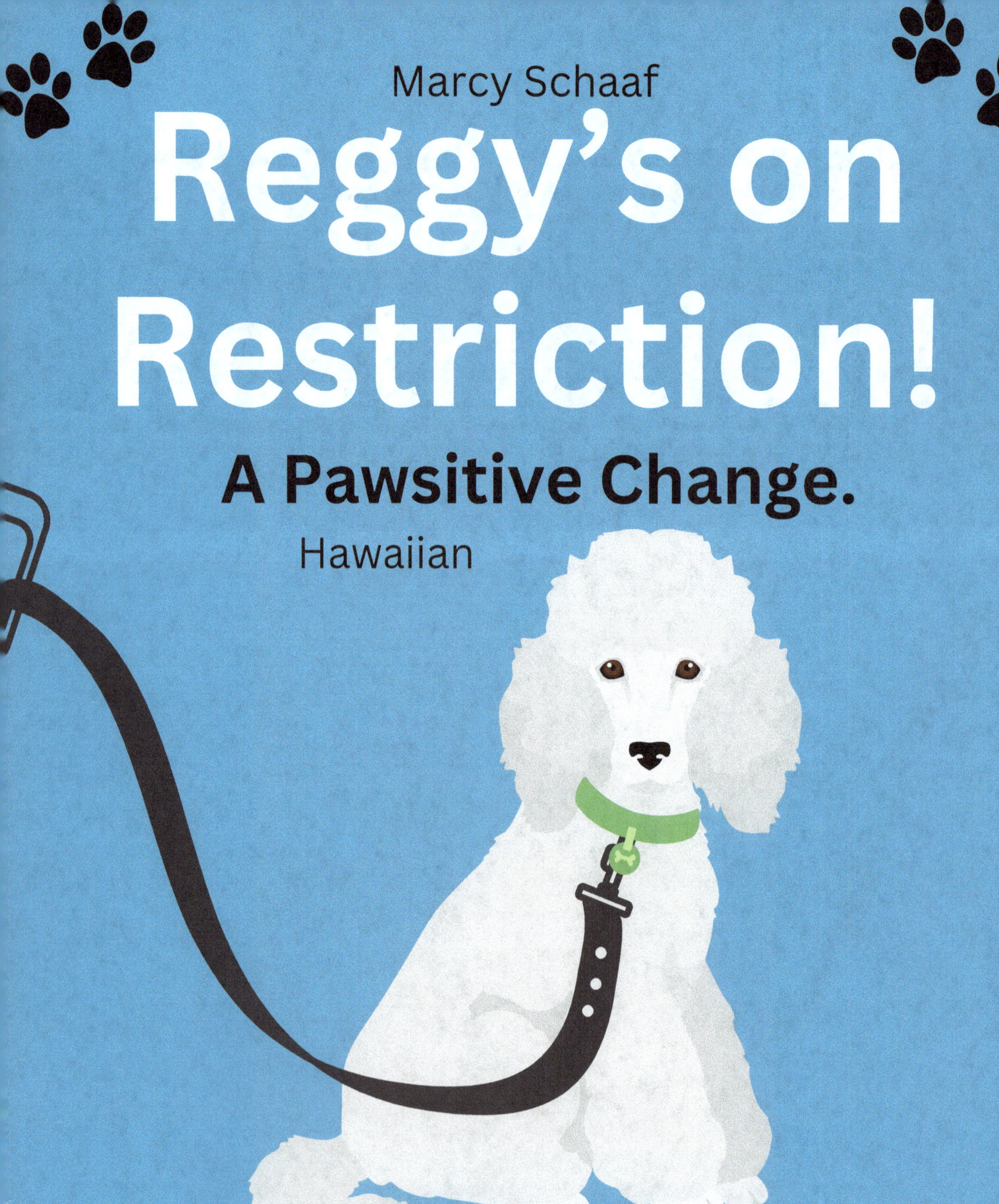

Marcy Schaaf
Reggy's on Restriction!
A Pawsitive Change.
Hawaiian

Welcome to the heartwarming tale of "Reggy's On Restriction: A Pawsitive Change." In a cozy house, filled with laughter and wagging tails, there lived a mischievous dog named Reggy. But Reggy had a little problem - he was a bit of a bully. Join us as we embark on a journey with Reggy, exploring the ups and downs of his furry adventures. Discover how a special lesson and a touch of kindness transformed Reggy into the best doggy friend, making his house a joyful den. Get ready for a story that teaches the power of change, the magic of friendship, and the joy that comes from choosing kindness. Let's dive into Reggy's lesson and learn why being a little kinder can make our world a brighter place!

Welina mai i ka moʻolelo ʻoluʻolu o "Reggy's On Restriction: A Pawsitive Change." I loko o kahi hale ʻoluʻolu, piha i ka ʻakaʻaka a me ka wili ʻana i nā huelo, e noho ana kekahi ʻīlio kolohe ʻo Reggy kona inoa. Akā, he pilikia liʻiliʻi ʻo Reggy - he ʻano hoʻomāinoino. E hui pū me mākou i ko mākou hoʻomaka ʻana i kahi huakaʻi me Reggy, e ʻimi ana i ka piʻi a me ka lalo o kāna huakaʻi huluhulu. E ʻike pehea i hoʻololi ai kahi haʻawina kūikawā a me ka hoʻopā ʻana o ka lokomaikaʻi iā Reggy i hoa aloha ʻīlio maikaʻi loa, e hoʻolilo ana i kona hale i lua hauʻoli. E hoʻomākaukau no kahi moʻolelo e aʻo ana i ka mana o ka loli, ke kilokilo o ka pilina, a me ka hauʻoli e hiki mai ana ma ke koho ʻana i ka lokomaikaʻi. E luʻu kākou i ka haʻawina a Reggy a e aʻo i ke kumu e hiki ai i ke ʻano ʻoluʻolu ke hoʻolilo i ko kākou honua i wahi mālamalama!

Once upon a time, in a cozy house, lived a mischievous dog named Reggy.

I kekahi manawa, i loko
o kahi hale ʻoluʻolu,
noho ʻia kahi ʻīlio kolohe
i kapa ʻia ʻo Reggy.

Reggy loved to bark, growl, and snatch toys from his furry friends.

Ua makemake ʻo Reggy i ka ʻuala, ʻuā, a kāʻili i nā mea pāʻani mai kāna mau hoa huluhulu.

His tail wagged with
mischief, causing stress in
the house each day.

Ua wili ʻia kona huelo me ka hana ʻino, e hoʻopilikia ana i ka hale i kēlā me kēia lā.

Reggy's antics scared the little ones and made the house less fun.

Ua maka'u nā keiki li'ili'i i kā Reggy a ho'oha'aha'a i ka hale.

Mom and Dad sighed, wondering how to make Reggy a good dog.

Ua kaniʻuhū ʻo Māmā lāua ʻo Pāpā me ka noʻonoʻo pehea e hana ai ʻo Reggy i ʻīlio maikaʻi.

One day, they decided to put Reggy on a special doggy restriction.

I kekahi lā, ua hoʻoholo lākou
e kau iā Reggy i kahi kapu
ʻīlio kūikawā.

Reggy couldn't chase, bark,
or be a bully for a while.

‘A‘ole hiki iā Reggy ke alualu, ‘ili, a i ‘ole ka ho‘oweliweli no kekahi manawa.

His furry friends were relieved, playing happily without fear.

Ua hoʻomaha kona mau hoa huluhulu, e pāʻani ana me ka hauʻoli me ka makaʻu ʻole.

Reggy felt sad with his restriction, wondering why things changed.

Ua kaumaha ʻo Reggy i kāna kaohi ʻana, me ka noʻonoʻo i ke kumu i loli ai nā mea.

But soon, he discovered new ways to have fun without being mean.

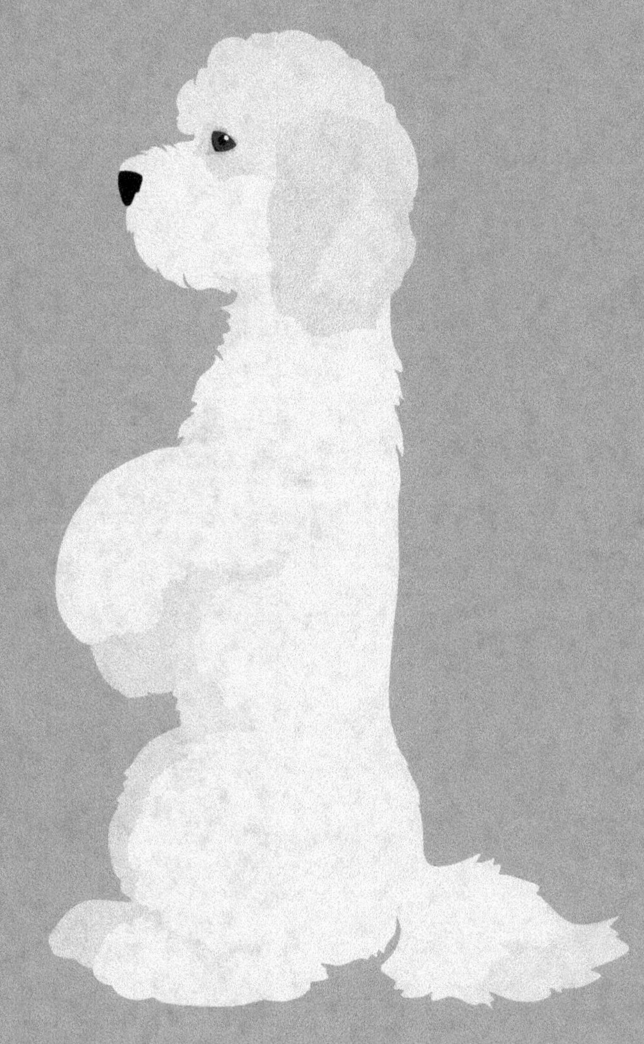

Akā ʻaʻole i liʻuliʻu, ua ʻike ʻo ia
i nā ala hou e leʻaleʻa me ka
ʻole o ka ʻino.

He learned to share toys
and play gently, making
friends happy.

Ua aʻo ʻo ia e kaʻana like i nā mea pāʻani a pāʻani mālie, e hauʻoli ana i nā hoaaloha.

Reggy realized being kind brought joy and wagging tails all around.

Ua ʻike ʻo Reggy ʻo ka lokomaikaʻi ʻo ia ka hauʻoli a me ka wili ʻana i nā huelo a puni.

Mom and Dad smiled, proud of the change in their furry friend.

Ua mino'aka 'o Māmā lāua 'o Pāpā me ka ha'aheo i ka loli 'ana o kā lāua hoa huluhulu.

The house became a happy place, full of laughter and wagging tails.

Ua lilo ka hale i wahi hauʻoli, piha i ka ʻakaʻaka a me ka wili ʻana i nā huelo.

Reggy's friends forgave him, and they all played together again.

Ua kala mai nā hoaaloha o Reggy iā ia, a pā'ani hou lākou a pau.

Reggy's heart swelled with happiness, grateful for the lesson learned.

Ua huā ka naʻau o Reggy i ka hauʻoli, me ka mahalo i ka haʻawina i aʻo ʻia.

Now, he was the best doggy friend, making the house a joyful den.

I kēia manawa, ʻo ia ka hoa ʻīlio maikaʻi loa, e hoʻolilo ana i ka hale i lua hauʻoli.

Reggy's story teaches us that kindness turns a frown upside down.

A'o mai ka mo'olelo a Reggy
iā mākou e ho'ohuli 'ia ka
'olu'olu i ka maka i lalo.

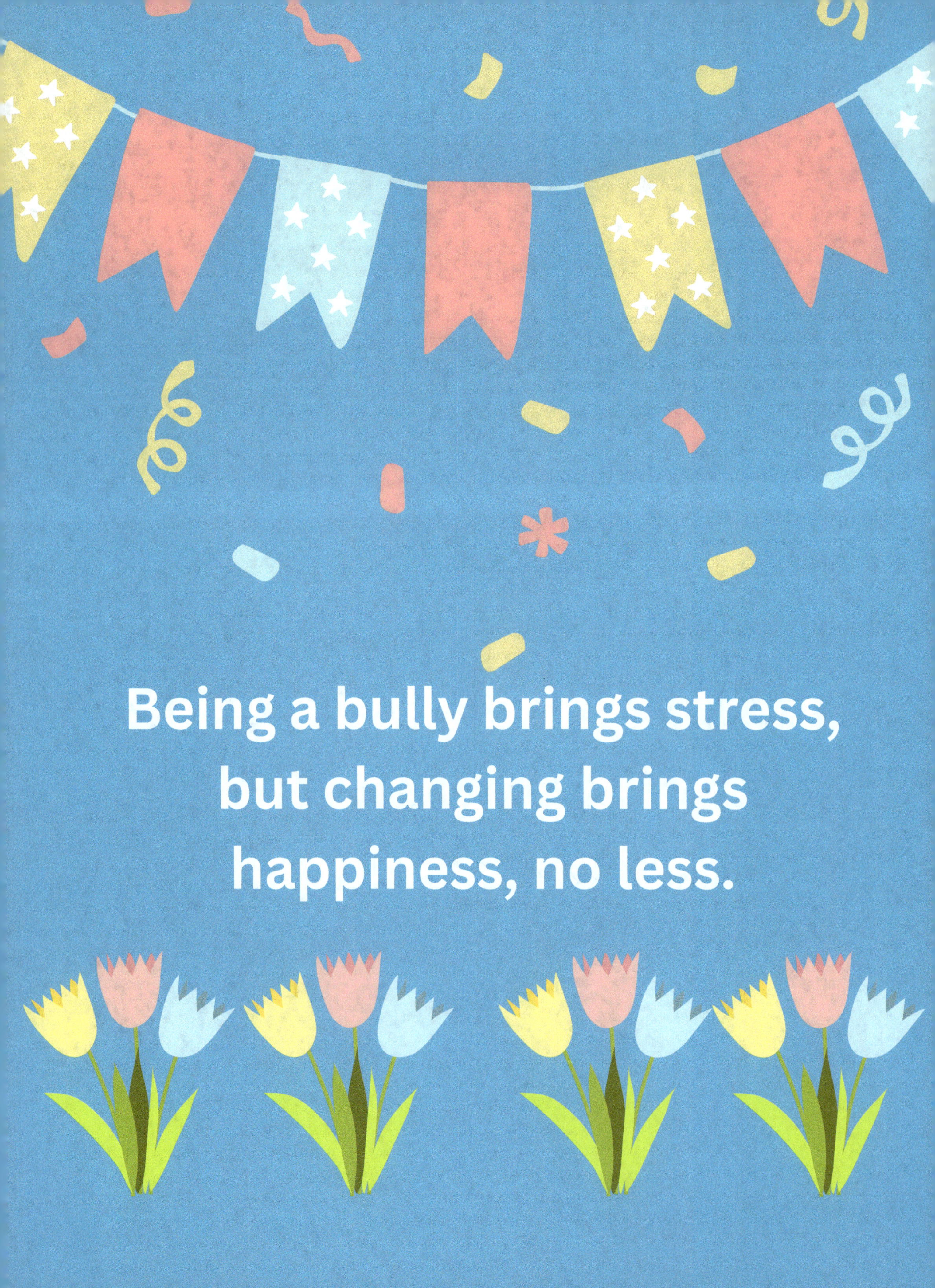

Being a bully brings stress,
but changing brings
happiness, no less.

'O ka lilo 'ana i mea
ho'oweliweli ke kaumaha,
akā 'o ka ho'ololi 'ana e lawe
mai i ka hau'oli, 'a'ole li'ili'i.

So, let's remember the tale of Reggy, the dog who turned things around.

No laila, e hoʻomanaʻo kākou i ka moʻolelo o Reggy, ka ʻīlio nāna i hoʻohuli.

And be kind to our friends,
making our homes a
cheerful playground.

A e lokomaika'i i kā mākou mau hoaaloha, e ho'olilo i ko mākou mau home i kahua pā'ani hau'oli.

For kindness and love, with friends, is how joy is declared.

No ka mea, ʻo ka lokomaikaʻi a me ke aloha, me nā hoaaloha, ʻo ia ke ʻano o ka hauʻoli.

Now, in our hearts, let's keep Reggy's story bright.

I kēia manawa, i loko o ko kākou na'au, e mālama kākou i ka mo'olelo a Reggy.

Be kind like Reggy, and everything will be just right.

E ʻoluʻolu e like me Reggy, a
e pololei nā mea a pau.

Remember the day when the house became stress-free.

E hoʻomanaʻo i ka lā i lilo ai
ka hale me ka pilikia ʻole.

Thanks to Reggy's change, a happy home it came to be.

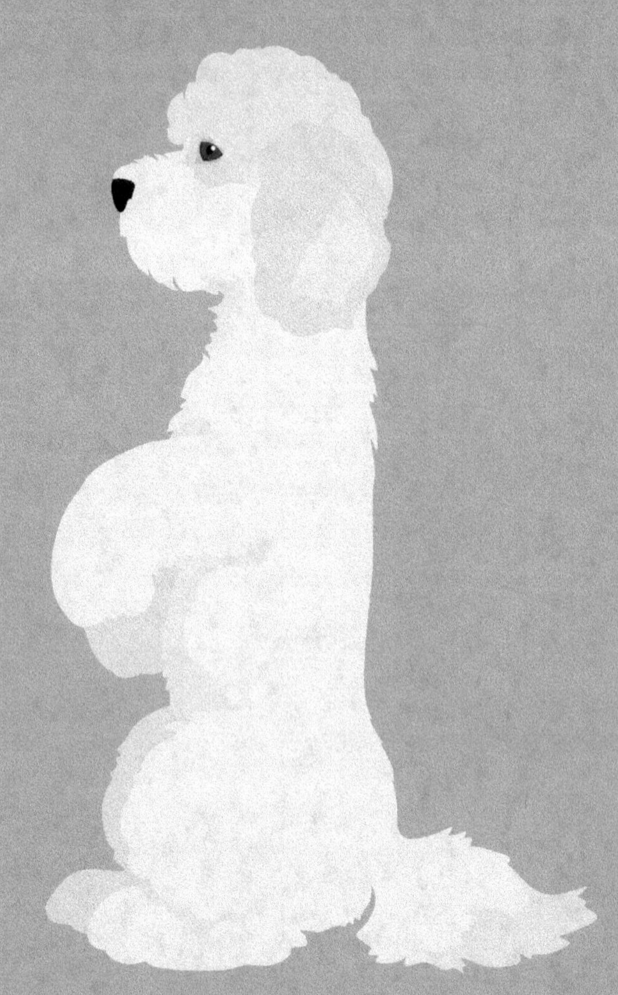

Mahalo i ka hoʻololi ʻana o Reggy, he home hauʻoli ia.

Be like Reggy, choose kindness from the very start.

E like me Reggy, koho i ka lokomaikaʻi mai ka hoʻomaka.

The end, sweet dreams, and may your world be full of love and cheer.

‘O ka hopena, nā moe‘uhane maika‘i, a piha kou honua i ke aloha a me ka hau‘oli.

This book is about Reggy the real dog who was on restriction, who is now kind to his friends!

ʻO kēia puke e pili ana iā
Reggy ka ʻīlio maoli i
hoʻopaʻa ʻia, a ua lokomaikaʻi
ʻo ia i kāna mau hoaaloha!

This story took place Italy

REMEMBER!
Be Kind